Cálao bicorne

Grace Hansen

ANIMALES ASIÁTICOS

Abdo Kids Jumbo es una subdivisión de Abdo Kids
abdobooks.com

abdobooks.com

Published by Abdo Kids, a division of ABDO, P.O. Box 398166, Minneapolis, Minnesota 55439. Copyright © 2023 by Abdo Consulting Group, Inc. International copyrights reserved in all countries. No part of this book may be reproduced in any form without written permission from the publisher. Abdo Kids Jumbo™ is a trademark and logo of Abdo Kids.

Printed in the United States of America, North Mankato, Minnesota.

102022

012023

Spanish Translator: Maria Puchol

Photo Credits: iStock, Science Source, Shutterstock

Production Contributors: Teddy Borth, Jennie Forsberg, Grace Hansen
Design Contributors: Dorothy Toth, Pakou Moua

Library of Congress Control Number: 2022939358

Publisher's Cataloging-in-Publication Data

Names: Hansen, Grace, author.

Title: Cálao bicorne/ by Grace Hansen.

Other title: Great hornbill. Spanish

Description: Minneapolis, Minnesota: Abdo Kids, 2023. | Series: Animales asiáticos | Includes online resources and index.

Identifiers: ISBN 9781098265335 (lib.bdg.) | ISBN 9781098265915 (ebook)

Subjects: LCSH: Birds--Juvenile literature. | Exotic birds--Juvenile literature. | Rain forest animals--Juvenile literature. | Animals--Juvenile literature. | Asia--Juvenile literature. | Endangered species--Juvenile literature. | Spanish language materials--Juvenile literature.

Classification: DDC 598.2913-dc23

Contenido

Hábitat del cálao bicorne 4	Más datos 22
Cuerpo. 6	Glosario 23
Alimentación 14	Índice 24
Crías de cálaos 16	Código Abdo Kids 24

Hábitat del cálao bicorne

El cálao bicorne puede encontrarse en pocos países, entre ellos Nepal y la India. Viven principalmente en bosques altos, húmedos y de hoja perenne.

Cuerpo

Los cálaos son aves grandes. Pueden llegar a medir hasta 50 pulgadas de largo (127 cm). Es la **especie** más pesada de todos los bucerótidos.

La **envergadura** de sus alas puede llegar a medir 60 pulgadas de ancho (152 cm). El batir de sus alas puede oírse desde muy lejos.

El cálao bicorne tiene plumas blancas, negras y amarillas. Tienen una franja negra en las plumas blancas de su cola.

Este ave recibe su nombre por la especie de casco, llamado **casquete**, que reposa sobre su pico. El pico y el casco de las hembras es casi todo amarillo. El pico y el casco de los machos es naranja, blanco, negro y amarillo.

13

Alimentación

La comida favorita de los cálaos es la fruta. También se alimenta de pequeños mamíferos, reptiles e insectos.

Crías de cálaos

Los cálaos son aves sociables. Se les puede ver en pareja. Viven en pequeñas unidades familiares y parvadas más pequeñas.

Antes de poner los huevos, la hembra busca un árbol **hueco**. Construye el nido en el tronco y sella la entrada usando sus heces y lodo.

El macho entonces alimenta a la hembra a través de un agujero. La hembra sale del tronco cuando los polluelos ya tienen plumas.

Más datos

- Los cálaos ponen 1 ó 2 huevos cada vez.

- El **casquete** ayuda al cálao bicorne a producir sonidos fuertes.

- Esa especie de casco parece pesado pero en realidad es muy ligero.

Glosario

casquete – crecimiento córneo de los cálaos encima del pico y con forma de casco.

envergadura – distancia entre la punta de un ala hasta la punta de la otra.

especie – grupo de seres vivos que se parecen entre sí y pueden pueden tener crías con los semejantes, pero no con los de otras especies.

hueco – tener un espacio vacío en el interior.

sociable – vivir en grupos en lugar de individualmente.

Índice

alas 8

alimento 14

casquete 12

cola 10

color 10, 12

crías 20

hábitat 4

hembra 12, 18, 20

huevos 18

India, la 4

macho 12, 20

Nepal 4

nido 18, 20

parvada 16

pico 12

plumas 10

tamaño 6, 8

¡Visita nuestra página **abdokids.com** para tener acceso a juegos, manualidades, videos y mucho más!

Los recursos de internet están en inglés.

Usa este código Abdo Kids

AGK5942

¡o escanea este código QR!